Il y a de plus, Balance Magnetique, avec des Reflexions sur une balance de Mr. Perrault de l'Acad.ie des Sciences.

Ces deux morceaux sont rares, mais il ne paroist pas que ces secrets aient fait fortune.

L'ART
DE RESPIRER
SOUS L'EAU
ET
LE MOYEN D'ENTRETENIR
pendant un tems considerable la Flamme
enfermée dans un petit lieu.

Omne principium rude & imperfectum, sed per additamenta artis, tractu temporis, res perficiuntur.

Nulla Res consummata est, dum incipit.

M. D C. L X X X I.

A
MONSEIGNEUR
LE MARQUIS
DE MENARS &c.

ONSEIGNEUR,

Les Siences & les beaux Arts ont leurs periodes, comme toutes les autres choses de ce monde. Tous les Peuples de l'Europe les avoient negligez jusques à la venuë de François premier, de l'Empereur Charles-Quint & de Henry huitiéme Roy d'Angleterre; ces trois grands Princes qui vécurent en même tems, & le Pape Sixte cinquiéme qui vint un peu aprés eux, furent tous curieux de les rétablir. On les avoit encore, MONSEIGNEUR, presque abandonnez depuis, mais la protection particuliere dont nôtre Invincible Monarque les honore aujourd'huy, & les soins qu'il prend pour les mettre dans leur plus haut lustre, les recompenses qu'il donne à ceux qui se rendent capables d'estre utiles à l'Estat & au public, les Academies qu'il a instituées pour cét éfet, celles qu'à son imitation plusieurs Roys &

plusieurs Princes de l'Europe ont établies, nous donnent lieu d'esperer que nous les verrons bien-tost au plus haut degré de perfection ou ils puissent atteindre. Céte méme protection, MONSEIGNEUR, que Vous donnez aux gens de Letres & céte fameuse Bibliotheque dont vous leur venez d'acorder si genereusement l'usage, contribuera beaucoup à l'augmentation des Siences & engagera les Philosophes, les Orateurs, les Poëtes & tout le monde Savant à vous consacrer les fruits de leurs veilles, comme à leur Mécenas & au protecteur des Muses. Ils publieront ces rares & ces excellentes qualitez que l'on admire en vôtre Personne, l'étenduë de vôtre esprit capable des plus hautes Siences, comme des plus grandes affaires, la solidité de vôtre jugement, la profondeur de vos connoissances, la vivacité de vôtre intelligence à laquelle rien n'echape, la penetration de vos lumieres dans les tenebres de l'Histoire & de la Langue des anciens. Tous ces rares avantages, joints à vôtre solide pieté, à vôtre amour pour la justice, à l'inclination que vous avez de plaire à nôtre grand Roy, & à seconder ses desseins Heroïques, porteront vôtre Nom jusques à la derniere posterité. Je laisse cét employ, MONSEIGNEUR, aux Maistres de l'Art, dans l'impuissance ou je me trouve de m'en aquiter dignement. Je me contenteray de Vous offrir cét écrit & de Vous donner ces foibles marques de ma reconnoissance & du zéle ardent que j'ay d'être

MONSEIGNEUR,

Vôtre tres-humble & tres-obeïssant Serviteur
DE HAUTEFEÜILLE.

L'ART DE RESPIRER
SOUS L'EAU
ET LE MOYEN D'ENTRETENIR
la lumiere, pendant quelque temps dans un lieu enfermé.

TOUS les Hommes sçavent par experience, que la respiration est necessaire à la vie, & que les poumons sont l'organe de cette action. Les oiseaux qui s'elevent dans le plus haut de l'air, les animaux & les insectes qui sont sur la terre & dans ses parties interieures, & les poissons mesme qui nagent dans les eaux, sont indispensablement obligez de respirer ; & quoy-que ces derniers n'ayent point de poumons, ils ont neanmoins des branchies que l'on nomme vulgairement les oüies, qui leur en tiennent lieu, & la nature a tellement conformé les parties propres à la respiration des uns & des autres, selon le liquide qu'ils respirent, qu'il n'est pas en leur pouvoir de le changer, & de prendre ou l'un ou l'autre indifferemment ; c'est pourquoy nous voyons que les poissons meurent bien-tost lors qu'ils sont mis dans l'air, les oiseaux lors qu'ils sont plongez dans l'eau, & le reste des animaux, lors qu'ils sont ou dans l'eau ou dans un air trop subtil. Ceux que l'on appelle Amphybies, qui vivent & sur la terre & dans l'eau, n'ont pas differens poumons pour respirer l'eau & l'air, ils respirent tous ce dernier, mais une circulation particuliere de leur sang, fait qu'ils peuvent interrompre la respiration pour quelque temps.

Usage de la respiration. Il n'est pas facile de rendre raison & d'expliquer tous les differens usages de la respiration, les plus grans Philosophes, & les plus sçavans Medecins, pensent qu'elle a esté donnée aux animaux, pour rafraischir le sang trop échauffé au sortir du ventricule droit du cœur, pour contribuer à la formation des esprits, par le moyen des parties nitreuses de l'air qui se meslent avec le sang & pour pousser dehors les vapeurs & les parties fuligineuses, qui l'empécheroient de couler dans le ventricule gauche.

La connoissance de la fabrique du cœur & de la circulation du sang fait voir evidemment la necessité de la respiration pour le rafraischissement du sang, lequel au sortir du ventricule droit du cœur, est tellement eschauffé & rarefié, que s'il ne passoit par des lieux frais, devant que d'entrer dans le ventricule gauche, il produiroit des esprits, qui seroient dans une agitation si grande, & divisez en des parties si subtiles, qu'ils monteroient en foule à la teste, & passant à travers les pores du cerveau, le dechireroient, & causeroient dans l'animal des frenesies & des mouvemens extraordinaires, & enfin une dissolution entiere de sa machine; c'est pourquoy la nature luy a donné des poumons, lesquels attirant & chassant continuellement de l'air, qui estant par sa subtilité naturelle capable de penetrer les conduits & les intervalles des corps les plus solides, se mesle avec le sang, le rafraischit, & luy donne la forme de sang arteriel, ralentit le mouvement violent des esprits, & contribuë à leur formation, entraîne en sortant les fumées & les vapeurs fuligineuses du sang, & le prepare de telle maniere, qu'il entre dans le ventricule gauche du cœur tres-pur & extremement rafraischi, d'où il coule sans aucun empeschement dans l'Aorte & dans les autres veines & arteres du corps, pour revenir de nouveau dans le ventricule droit du cœur, & entretenir cette circulation continuelle.

L'Art imite en quelque façon cette preparation du sang, & elle a beaucoup de rapport à la maniere dont on fait les Eaux-de-vie, l'esprit de vin, & toutes les distillations; car on fait passer un long canal, à plusieurs contours dans un tonneau rempli d'eau froide, afin d'épaissir & de condenser les parties que le feu avoit rarefiées & mises en agitation. On peut aussi croire que les poumons sont comme un crible, qui par la respiration ostent les ordures du sang, & separent les humeurs qui suffoqueroient le cœur, si elles estoient meslées avec le sang.

La respiration se fait par l'action des muscles de la poitrine & du bas ventre, lesquels faisant estendre & resserrer le corps, obligent l'air d'entrer & de sortir : car il y a deux muscles principaux qui s'enflent & qui s'abaissent alternativement, par le moyen des esprits qui viennent du cerveau, & qui par leur entrée & par leur sortie, entretiennent continuellement la Systole & la Diastole des poumons ; la Diastole, lors que la poitrine occupe une plus grande estenduë qu'à l'ordinaire, & la Systole lors qu'elle s'abaisse, & qu'elle retourne dans son estat naturel.

Ces muscles sont tellement disposez, que pendant que l'un est enflé, l'espace que les poumons occupent est aggrandi, & ainsi l'air entre par la bouche & par les narines ; & pendant que l'autre s'enfle, cét espace est abbaissé, & l'air sort par où il estoit venu, de la mesme maniere que l'air entre dans un soufflet, lors qu'on éleve une de ses aisles, & qu'il en sort lors qu'on l'abaisse.

Il est évident que l'air frais qui entre & qui sort continuellement des poumons, rafraischit le sang de la mesme façon que l'eau à la glace pendant l'esté rafraischit le vin enfermé dans des bouteilles, ce que j'ay reconnu par une experience que j'ay faite depuis peu sur un chien, auquel ayant levé le *sternum*, les poumons s'abaisserent aussi-tost & changerent de couleur, & ayant mis la main sur le cœur j'apperçeus que les batemens en estoient plus lents, & que cét animal commençoit à tomber en défaillance : je fis mettre l'extremité d'un soufflet dans la trachée artere & l'ayant fait agiter continuellement, les poumons s'enflerent & devinrent plus vermeils, & je sentis à la main quelque fraischeur considerable : ce chien commença de reprendre vigueur & les batemens de son cœur devinrent plus precipitez, en sorte que pendant 30. secondes j'en contay jusques à 68. & ayant cessé pendant quelque temps d'enfler les poumons, cét animal tomba derechef en pamoison, & les ayant fait enfler ensuite il revint à luy, ce que je continuay pendant plus d'une demie heure qu'il resta en vie.

Cette experience me fit conjecturer, que les poumons estant abaissez le sang qui sortoit du ventricule droit & qui entroit dãs les arteres du poumon ne pouvoit passer que difficilement dans les veines de cette partie pour se rendre dans le ventricule gauche, ce qui causoit la lenteur des batemens, lesquels auroient cessé entierement s'il n'en eût point coulé du tout : mais comme il y a quantité d'Anastomoses ou insertions des veines aux arteres, il en reste

Comment se fait la respiration dans les animaux parfaits.

toûsjours quelques unes dont les passages sont ouverts & qui laissent couler quelque portion de sang dans le ventricule gauche du cœur, ce qui en entretient les batemens avec la circulation du sang, & qui pourroit aussi faire conjecturer que l'apoplexie, les suffocations de matrice & les autres sincopes proviendroient plûtost de cét abaissement des poumons, que de la coagulation du sang, des obstructions & de la rupture des petits vaisseaux que l'on pretend se faire dans le cerveau.

    Un grand Philosophe dit en quelque endroit de ses Ecris, „ que le vray usage de la respiration est d'apporter assez d'air frais „ dans le poumon, pour faire que le sang qui y vient de la con- „ cavité droite du cœur, où il a esté rarefié & comme changé en „ vapeurs, s'y épaississe & se convertisse en sang derechef, avant „ que de retomber dans la gauche; sans quoy il ne pourroit estre „ propre à servir de nourriture au feu qui y est. Ce qui se confirme „ parcequ'on voit que les animaux qui n'ont point de poumons, „ n'ont aussi qu'une seule concavité dans le cœur; & que les en- „ fans qui n'en peuvent user pendant qu'ils sont renfermez au „ ventre de leurs meres, ont une ouverture, par où il coule du „ sang de la veine cave en la concavité gauche du cœur, & un con- „ duit par ou il en vient de la veine arterieuse en la grande artere „ sans passer par le poumon.

    Cette maniere dont la nature à pourvû à la conservation de l'enfant, lors qu'il est encore enfermé dans le ventre de sa mere, & qu'il ne peut avoir l'usage de la respiration est admirable; elle a fait en sorte que le sang qui est extremement échauffé, & rarefié dans le cœur n'y retournat plus qu'en tres-petite quantité, parceque le passage des poumons estant fermé, à cause de leur consistance dure & ferme, le sang est conduit du ventricule droit du cœur, dans le ventricule gauche, par un autre chemin ; sçavoir par le tronc de la veine cave, de laquelle il y a un conduit, qui va à l'artere veneuse qu'on appelle le trou ovale ; & un autre de la veine arterieuse, qui va à la grande artere ; par lesquels conduits le sang est obligé de passer, & lors que le fœtus est sorti du ventre de sa mere, le sang entre par l'artere & par la veine pulmonaire, ou parceque les vaisseaux des poumons sont plus forts, & luy donnent une entrée plus facile, ou parceque les conduits du trou ovale & du canal arterieux se bouchent petit à petit & deviennent un ligament ; ce que l'on peut voir

commode-

commodement au deffaut d'un fœtus dans les veaux & dans les agneaux qui sortent du ventre de leurs meres.

Les Amphybies qui demeurent sur la terre & dans l'eau sont de deux manieres, car les uns estant plus dans l'eau que sur la terre, comme le Veau Marin, le Dauphin, le Crocodile, les Tortuës & les Grenoüilles tiennent de la nature des poissons, & quoy qu'ils ayent deux ventricules du cœur, & que quelques uns mesmes, n'en ayent qu'un, comme les Tortuës, leur sang passe au travers des parois de ces ventricules, & leurs poumons qui sont membraneux ne leur servent qu'à soutenir leur corps dans l'eau. Pour les autres qui sont obligez de demeurer quelque temps dans l'eau, soit pour y chercher leurs aliments, ou pour d'autres raisons, comme les Canards, les Plongeons & quelques autres, ils sont necessitez d'interrompre la respiration, c'est pourquoy la nature leur a laissé les conduits dont nous venons de parler ouverts, lesquels ne se ferment point pendant toute leur vie, soit à cause de l'usage qu'ils en font tous les jours, soit à cause de quelque disposition naturelle qui est dans ces parties, qui empéchent qu'elles ne puissent se boucher qu'avec peine. *Circulation du sang dans les Amphybies.*

C'est sans doute à cette mesme cause, que l'on doit attribuer l'effet prodigieux de ces hommes Plongeurs, dont il est fait mention dans les histoires, qui ont demeuré sous l'eau pendant quelques heures, & on peut penser que ces deux conduits, sçavoir le trou ovale & le canal arterieux, leur sont demeurez ouverts, afin que le sang circulast de la mesme maniere qu'il faisoit avant leur naissance, & la dissection que l'on a faite de quelques uns dans lesquels on a trouvé ces deux conduits ouverts, (si on en croit Riolan, Bartholin & quelques autres celebres Anatomistes) en est une preuve assez convaincante. *dans les plongeurs.*

Il seroit à souhaiter, que tous les hommes, ou une grande partie, eussent ce mesme avantage, & qu'il fut en leur disposition de demeurer sous l'eau pendant quelques heures, soit pour en tirer ce qui s'y perd continuellement, soit pour la pesche des Perles du Corail &c. soit pour joüir d'une infinité de choses utiles qui y sont, ce qui a fait croire à plusieurs, que ce seroit decouvrir un nouveau monde, que de trouver un moyen de demeurer sous l'eau un temps considerable; & c'est pour cette raison, que les plus grands Esprits & les plus sçavans Hommes de chaque siecle, se sont appliquez à la recherche de ces moyens. Je rapporteray

B

<small>Anciens moyens de respirer sous l'eau.</small>

ceux qui sont venus à ma connoissance, avec les inconveniens qui les rendent impossibles ou de nul usage, avant que de proposer celuy que j'ay imaginé.

<small>Le trou ovale.</small>

Ceux qui ont tenté de faire par art ce trou ovale & ce canal arterieux, & d'habituer les enfans a estre quelque temps sans respirer l'ont fait inutilement, parce qu'il est apparamment impossible.

<small>Le Navire de Drebel.</small>

Le Navire que Drebel imagina autres-fois, avec lequel il pretendoit Naviger entre deux eaux, fit bruit, & parut estre d'usage & praticable dans son temps, comme on peut le conjecturer, de la maniere dont un Autheur de ce temps la en parle dans ses Escrits, & qu'il semble approuver par plusieurs raisons qu'il apporte & par divers moyens qu'il donne, pour y entretenir le feu necessaire à la cuisson des viandes, & aux autres usages de la vie, pour s'y servir du canon & de toute sorte d'armes à feu & pour en exclure les ordures & toutes les choses incommodes à l'odorat & aux autres sens.

Cét Autheur dit, que par le moyen de ce Navire on pourra faire en un an ou deux, tout le tour de la Terre, sans estre apperçeu, & qu'estant fort grand il contiendra cent hommes, avec toutes les provisions, dont ils auront besoin pendant tout ce temps, qu'il croit que l'on pourra faire des colonies d'Hommes Marins, qui y demeureront pendant toute leur vie, & qui voyageront, & communiqueront, non seulement ensemble, mais aussi avec les habitans de l'air, qu'ils y exerceront toutes sortes d'Arts, qu'ils y feront des concerts de Musique, des experiences & des observations sur la Physique, & qu'enfin si il y à des sçavans qui y composent des Livres, que l'on en pourra faire l'impression au fond de la Mer, & envoyer ces nouveaux Livres aux habitans de l'air. Voicy ces paroles.

Terrenum ambitum nemine cæterorum mortalium conscio, unius aut alterius anni spatio, conficere potest, (hac navi) quæ si maris profundum non desit, tantæ magnitudinis esse queat, ut unius anni victum centum hominibus suppeditet.......... adeo ut existimem diversas colonias sub aquis marinis posse degere, & tota vita persistere, ibique in alias propagari...... Colymbas vero multa potest experiri, quæ Physicam promoveant..... submarini nautæ & incolæ poterunt aeris incolis sua communicare mutuoque recipere aerea commoda, quem etiam suavissimi concentus, in navi submarina recreare poterunt.....

si quis vero nautarum Libros scripserit de noviter in maris fundo repertis, excudi poterunt & typis committi in ipso fundo, ut ex immersa nave ad terrenos incolas novi Libri mittantur.

Ce Navire n'estoit autre chose qu'un Bâteau, qui avoit à peu prés la figure d'un œuf, si pesant qu'il s'enfonçoit de luy mesme dans l'eau, & si exactement fermé de toutes parts, qu'elle n'y pouvoit entrer, lequel contenoit un certain nombre d'hommes qui le conduisoient haut & bas, à droit & à gauche & par tout où ils vouloient, avec des rames disposées d'une façon particuliere.

Mais toutes ces belles idées n'ont point eû de lieu, depuis tant d'années qu'on les a publiées, & nous n'en avons vû aucune experience, qui difficilement auroit reussi, parceque l'eau resistant beaucoup, il auroit falû bien des forces pour mouvoir ce vaisseau, & une extrême pesanteur pour le faire submerger, s'il eut esté fort grand, & estant petit il auroit contenu peu d'hommes, qui n'y auroient pû vivre long-temps, faute d'air ; il paroit que cette Invention ne peut estre mise en pratique, & que toutes les consequences que l'on en a tirées sont imaginaires, quoy que celuy qui a inventé ce Navire, ait publié, qu'il sçavoit le moyen de purifier l'air qui estoit dedans, & de le rendre toûjours propre à la respiration.

Quelques-uns ont crû qu'il suffisoit de mettre à la bouche une grande Vessie en forme de bouteille, ou de s'enfermer la teste, ou même le corps entier dans un habit de cuir, qu'ils lioient sous les aisselles & au milieu des bras, avec deux verres aux deux yeux pour appercevoir les objets qui estoient dans l'eau, comme on voit dans les figures de Vegece ; mais cette maniere n'est gueres plus praticable que la precedente, parce que y ayant peu d'air il est bien-tost échauffé & remply de vapeurs, par celuy qui sort des poumons. *Le sac de cuir.*

Supposons par exemple, que cét homme pousse à chaque respiration, quatre ou cinq pouces cubiques d'air, il est certain que cét air échauffé & plein de vapeurs, se mesle au sortir de la bouche, avec celuy qui est enfermé dans ce sac, lequel il échauffe & infecte, pendant que les poumons, en attirent un autre pareille quantité, laquelle venant à en sortir avec la chaleur qu'elle y a acquise, elle se mesle avec celuy qui estoit déja échauffé, & qu'il échauffe de nouveau, ce qui fait qu'en peu de temps cét air enfermé acquiert une grande chaleur, & se remplit bien-tost de vapeurs.

La Cornemuse.

La Cornemuse que l'on voit aussi dans les figures de Flave Vegece, est un long tuyau de cuir, attaché par une extremité à un liege, ou à une vessie pleine d'air, laquelle nage sur la superficie de l'eau, dont l'autre bout est appliqué à la bouche du plongeur & par dessous les aisselles, en sorte qu'il puisse respirer, & que l'eau n'entre point dans son corps.

Quoyque plusieurs personnes asseurent que ce moyen se pratique souvent avec succez, j'ose dire qu'il est impossible, à une grande profondeur & pour un temps considerable, dont il y a deux raisons principales.

La premiere est tirée de l'equilibre des liqueurs de Monsieur Pascal, où il fait voir de quelle sorte l'eau agit contre tous les corps qui y sont, en les pressant par tous les costez, & où il demontre qu'un corps compressible, qui y est enfoncé, doit estre comprimé en dedans, vers le centre, ce qu'il confirme par plusieurs exemples, dont je ne rapporteray que celuy cy.

"Si un soufflet (dit-il) qui a le tuyau fort long comme de "vingt pieds est dans l'eau, en sorte que le bout du fer sorte hors "de l'eau, il sera difficile à ouvrir, si on a bouché les petits trous "qui sont à l'une des aisles; au lieu qu'on l'ouvriroit sans peine s'il "estoit en l'air, à cause que l'eau le comprime de tous costez par "son poids: mais si l'on y employe toute la force qui est necessaire "& qu'on l'ouvre, si peu qu'on relâche de cette force, il se refer-"me avec violence (au lieu qu'il se tiendroit tout ouvert s'il estoit "dans l'air) à cause du poids de la masse de l'eau qui le presse. Aussi "plus il est avant dans l'eau, plus il est difficile à ouvrir, parce qu'il "y a une plus grande hauteur d'eau à supporter.

Il ne faut avoir qu'une mediocre intelligence, pour concevoir que cette Cornemuse ou ce tuyau attaché à la bouche d'un homme qui est enfoncé dans l'eau est un effet semblable à celuy-cy, que les poulmons sont effectivement un soufflet, & que pour les enfler, il faut que cet homme eleve toute la colomne d'eau qui est au dessus de luy, laquelle estant extremement haute, & la force de ses muscles n'estant pas assez grande, il est impossible qu'il l'éleve & qu'il puisse par consequent respirer.

La seconde raison de l'impossibilité de ce moyen, n'est pas plus difficile à concevoir que la premiere, puis qu'il est evident que

que l'air qui sort des poumons de cét homme, ne peut entrer que dans ce tuyau, & particulierement dans l'endroit qui est proche de sa bouche, & venant à respirer une seconde fois, il retire le mesme air qu'il repousse dans le mesme lieu, & qu'il retire de nouveau, à peu prés comme dans la trompette parlante, dans laquelle il est impossible de parler long-temps sans retirer sa bouche pour respirer d'autre air que celuy qui est dans la trompette, que l'on apperçoit tres-humide & tres échauffé; ainsi celuy qui se sert de la Cornemuse respirant le mesme air qui est sorti de ses poumons, le cœur luy manque apres un petit nombre de respirations, & il est obligé de revenir promptement à la superficie de l'eau; & ne le pouvant faire assez-tost, souvent il étouffe, & c'est la cause pourquoy plusieurs sont morts en faisant cette épreuve, & qu'ils ne sont jamais revenus.

La Cloche est un moyen qui est connû de tout le monde, & qui entre aisément dans l'esprit, à cause de l'experience facile qu'on a d'un charbon ardent, que l'on fait nager dans une coquille de noix, ou sur quelque autre corps leger, & que l'on enfonce dans l'eau en renversant un verre sens dessus dessous; l'air qui est dans ce verre n'en peut sortir, n'y ayant aucune ouverture; & estant enfoncé avec force, il separe l'eau de tous les costez, & le charbon paroist tout rouge au fonds de l'eau, lequel revient au dessus, aussi-tost qu'on retire le verre. L'artifice de la Cloche est la mesme chose, & il n'y a de difference que du petit au grand, elle doit estre d'un poids suffisant pour s'enfoncer dans l'eau par sa propre pesanteur, avec l'air qu'elle contient lors qu'on la descend perpendiculairement la bouche en bas; l'air qui est dedans ne trouvant aucune issuë, est enfoncé dans l'eau avec la Cloche, en sorte que l'homme qui est placé dans cét espace sur un ais en forme de marche-pied, a toûjours la liberté de respirer, d'y agir, & d'y faire tels mouvemens qu'il luy plaist. *La Cloche*

Quelques-uns disent qu'Aristote n'a pas ignoré cette invention, que Bacon l'a fort bien expliquée, & qu'elle a esté pratiquée en la ville de Tolede par deux Grecs, lesquels au rapport de *Taysner*, dans son opuscule *de motu celerrimo*, allerent & sortirent plusieurs fois du fonds de l'eau, en la presence de Charles-Quint, sans se mouïller, & sans éteindre le feu qu'il portoient dans leurs mains. On dit que cette experience a esté faite en plusieurs endroits, &

qu'il n'y a pas encore long-temps qu'elle a esté executée à Venise en presence du Dôge & de plusieurs Senateurs, & qu'il y en eut un d'eux, qui descendit sous cette cloche fort profondement dans la mer. Le temps de demeurer dans cette cloche, ne se peut determiner que selon sa grandeur : il y en a qui assurent qu'ils ont vû des Plongeurs, y rester pendant deux heures, dans une qui estoit haute de treize ou quatorze pieds, & large de neuf.

Puisque l'experience, qui est la Maistresse des choses, fait voir que l'on peut, par ce moyen, demeurer sous l'eau, pendant deux heures, on ne peut point douter qu'il ne soit bon, & il n'y a d'inconvenient, que l'embarras d'une grande machine, la necessité de plusieurs hommes, pour s'en servir, & la difficulté de la transporter par tout où on en a besoin, ce qui en fait la principale incommodité, parce que celuy qui est dedans ne pouvant se faire entendre que difficilemét à ceux qui sont dans l'air, pour le conduire à droit ou à gauche, en haut ou en bas, il est obligé de se faire tirer hors de l'eau, pour dire ses intentions, que l'on n'execute souvent qu'à contre sens, lors qu'on la descendu, ce qui l'oblige de revenir une seconde fois, avec perte de beaucoup de temps, & peu de fruit de tant de peine.

L'incommodité que ce plongeur ressent, & qui l'empéche de demeurer plus long temps sous cette Cloche, provient, de ce que l'air s'y échauffe, & non point, comme quelques-uns se sont imaginez, de ce que l'air est extremement comprimé dans cette Cloche, il est vray, que l'air qui y est enfermé, se condense par la pesanteur de la colomne de l'air, qui est audessus de luy, laquelle estant de 31. ou 32. pieds, il est reduit à la moitié de l'espace qu'il occupoit, c'est à dire que si la cloche est enfoncée sous l'eau de 32. pieds, elle est moitié pleine d'air, & moitié pleine d'eau, & si on l'enfonce davantage, il y entre plus d'eau, & l'air qui y est, est d'autant plus condensé, que la colomne de l'eau est haute, & que la cloche descend plus profondement, mais on ne remarque point que cet air cesse pour cela d'estre propre à la respiration : on a fait des experiences de la compression de l'air, & on a vû que les animaux qui estoient dans cet air comprimé, jusques à huit ou dix fois, n'y paroissoient point autrement que dans l'air libre, parce qu'ils estoient pressez également, dans toutes leurs parties & qu'il n'y en avoit aucune qui le fut plus que l'autre,

Compression de l'air sous l'eau.

ce qui est aussi la cause pourquoy nous ne sentons pas le poids de l'air quoyque considerable, & que ceux qui sont dans l'eau, n'en apperçoivent point la pesanteur.

Je ne parleray pas d'un moyen, dont quelques uns sont prevenus, qui est de remplir la bouche d'huile, où d'y appliquer une éponge pleine de cette liqueur, laquelle estant exprimée, monte en haut, & se fait (selon leur pensée) un jour à travers duquel l'air entre & entre dans les poumons, ce qui n'a aucune apparence de verité. *L'éponge pleine d'huile.*

Tous ces moyens sont, comme je viens de faire voir, ou evidemment faux, ou tres-difficiles à pratiquer, & quoyque celuy que je propose ait aussi ses difficultez, elles ne seront peut-estre pas si grandes. Tout le secret consiste à imiter exactement la nature, particulierement dans ce grand & ce fameux principe de la circulation, qui se trouve presque dans toutes ses operations, dans les Cieux, par le roulement des Estoilles & des Planettes; dans la mer, par son flux & son reflux; dans les Rivieres, par l'écoulement qu'elles font de leurs eaux sur la terre exterieure & par leur retour, où dans la terre interieure où dans les nuës, dont l'un produit les sources & les fontaines & l'autre les pluyes; dans l'air par les vents qui y vont & viennent toûjours; dans les plantes, par la circulation de leur séve; dans les animaux par celle de leur sang & de leurs humeurs; & generalement dans tous les corps de l'univers, qui sont incessamment ébranlez par une matiere imperceptible, qui les met dans un mouvement perpetuel, & qui les détruit continuellement pour leur faire prendre de nouvelles formes.

Nous voyons que la Nature n'a pas ramassé tout le sang des animaux dans un lieu, & qu'elle n'en a pas fait un grand reservoir, pour en faire couler quelques gouttes, dans le ventricule droit du cœur, qu'il auroit rejetté dans ce lieu, pour en reprendre continuellement une autre pareille quantité, parce que de cette maniere, le sang se feroit bien-tost échauffé, mais elle a si bien disposé les organes de nostre corps, & elle a si industrieusement placé quantité de valvules dans les endroits qui sont necessaires, que le sang qui est entré dans le cœur par la veine cave, n'y peut plus rentrer qu'apres un certain temps; & qu'apres avoir parcouru toutes les arteres & toutes les veines du corps.

Ainsi pour imiter comme il faut la nature, nous ne nous servirons point d'un reservoir d'air pour la respiration, d'où nous en puissions prendre une quantité, pour la rejetter dans le mesme lieu au sortir de nos poumons, & en reprendre toujours de ce lieu, & l'y remettre, parce que de cette maniere, cet air quoy qu'en abondance s'échauffe bien-tost, mais nous ferons en sorte que celuy qui sort de nos poumons, n'y puisse rentrer qu'apres un long espace de temps, & qu'apres avoir circulé dans un long tuyau à plusieurs contours, par le moyen de deux ou de plusieurs soupapes. Cet artifice qui imite parfaitement le cœur & ses oreillettes, ses arteres & ses venes avec leurs valvules, est tel.

Nouvelle machine pour se pister sous l'eau.

A, B, C, D, 1. 2. 3. 4. 5. 6. 7. 8. 9. E, F, G, representent un tuyau de telle longueur que l'on voudra, A est le lieu pour mettre la bouche, B & G sont deux soupapes, disposées dans un sens contraire l'une à l'autre, en sorte que celle qui est marquée G, permet à l'air, qui est dans la vessie H & dans le tuyau G, F, E, de sortir & d'entrer dans les poumons, & empesche qu'il n'y puisse rentrer, lors qu'on l'y repousse, mais la soupape B, donne un libre passage à l'air qui sort des poumons pour entrer dans ce tuyau B, C, D, & empéche qu'il ne puisse revenir, quoy qu'on fasse effort pour l'en tirer. H, est une vessie capable de recevoir tout l'air que contiennent les poumons.

Par ce moyen, l'air qui sort des poumons, ne se mesle aucunement avec celuy qui y doit entrer apres, & il n'y peut rentrer que lors que tout l'air qui est contenu dans ce long tuyau, a passé successivement dans les poumons; & si on suppose, que ce tuyau en contienne pour respirer l'espace d'un quart ou d'un demy quart d'heure; il s'ensuit que la partie d'air qui est sortie des poumons la premierefois, n'y rentre qu'un quart ou un demy-quart d'heure apres, pendant lequel temps cet air se rafraîchit, se purifie, & les vapeurs les plus grossieres tombent, & s'abbaissent ou s'attachent aux parois interieurs du tuyau, de la mesme maniere que la fumée, dont une chambre est remplie, s'attache aux murs & se dissipe avec le temps.

Fig. I.

Il y a cinq ou six ans que je fis faire une machine de fer blanc semblable à celle-cy * excepté que les tuyaux estoient proches les uns des autres en forme quarrée, & propre à estre mise sur les
epaules

épaules, que l'on n'a pas representé ainsi dans cette figure, pour éviter la confusion, & que les intelligens pourront facilement imaginer. Ce tuyau avec tous ses tours & retours, estoit seulement de 18. ou 20. pieds de long, & d'un poulce de diametre ou environ.

Aussi-tost que j'eus appliqué à la bouche d'une personne la partie A, j'apperçeus avec plaisir, la sistole & la diastole de la vessie H, pendant 24. ou 25. minutes, que dura cette experience, c'est à dire, que la vessie s'abaissoit, lors que les poumons s'enfloient, & au contraire, lors que les poumons s'abaissoient, la vessie s'enfloit: ce qui represente parfaitement bien, la structure admirable du cœur, sa systole & sa diastole, & celle de ces deux bourses, qu'on nomme ses oreilles, dont le mouvement est opposé au sien, lesquelles se desenflent, lors qu'il s'enfle, & au contraire, se remplissent lors qu'il se vuide.

Mais parce qu'outre le rafraischissement du sang, il y a encore (selon ma pensée) des parties nitreuses dans l'air, qui se mêlent avec le sang, & qui contribuent à la formation des esprits, & n'y en ayant qu'une certaine quantité, dans l'air de ces tuyaux, je ne les restablissois par aucun moyen, ainsi elles devoient s'épuiser dans un certain espace de temps, lequel estant passé, l'invention devenoit inutile.

Plusieurs Sçavans ne demeurent pas d'accord que l'air se mesle avec le sang dans les poumons, & M. l'Abbé Mariotte de l'Academie Royale des sciences, dans son second essay de la nature de l'air, dit que cela n'est aucunement necessaire, puis qu'il „ y a de la matiere aërienne dans celuy qui est dans les veines: Il „ ajoûte qu'on pourroit observer par des experiencs faites dans „ la machine du vuide, si le sang des arteres donne une plus grande „ quantité de bulles d'air que celuy des veines, car ce n'est pas „ assez, dit-il, que le sang arteriel ait une couleur plus vive que le „ sang venal, pour inferer qu'il a pris de l'air en passant par le „ poumon; puisque cet effet pourroit proceder de ce que le sang „ de la veine cave passant à travers les petites membranes du pou- „ mon, s'y rarefie & devient plus subtil, & mesme que les li- „ queurs qui se filtrent en passant à travers quelques corps poreux „ deviennent plus belles & plus transparantes, & que le sang se char- „ ge de beaucoup d'impuretez en passant par la ratte, par les boyaux „ par les membranes de l'estomach. &c.

D

Le peu de bulles d'air que rend le sang arteriel & le sang veinal dans la machine du vuide, me fait croire que ce moyen n'est pas si juste pour connoistre si l'air s'infinue dans la masse du sang par la respiration, que celuy que je propose par cette circulation de l'air dans les poumons d'un homme, & comme il est impossible de la pousser à bout sans mettre en danger de mort celuy dont on se sert, je fis une autre experience

On sçait que la flamme d'une chandele est nourrie & entretenue par l'air qui l'environne, & que l'enfermant dans un vaisseau elle n'y peut vivre que tres-peu de temps, parce que l'air s'y échauffe bien-tost, que la fumée l'étouffe, & que les parties alimentaires de l'air se consument fort promptement, ce qui a tant de rapport à la respiration, que je ne doutay point, que si j'enfermois une chandele dans un vaisseau, & que je fisse circuler l'air de la maniere que je viens de dire, je connoistrois le temps qu'elle y demeureroit en vie, la quantité des parties nitreuses qu'elle consumeroit, & plusieurs autres choses qui m'estoient inconnuës.

Fig. II. Nouvelle machine pour entretenir la flamme dans un lieu enfermé.

Je fis faire pour cet effet deux vaisseaux de fer blanc, A. B. d'environ un pied cubique chacun, lesquels avoient communication l'un à l'autre, par le moyen des tuyaux C C, D D; E, est un soufflet sans ventouses & fermé de toutes parts, F est une vessie, G, H, sont deux soupapes, disposées de telle façon, que lors qu'on éleve une des aisles du soufflet, l'air qui est dans le vaisseau A, ne peut entrer dans ce soufflet, & il n'y a que celuy qui est dans la vessie F, & dans le vaisseau B, qui le puisse remplir; & lors qu'on l'abaisse, l'air ne peut retourner dans la vessie F, & il est obligé d'entrer dans le vaisseau A, où est une lampe marquée I, avec une petite fenestre de verre, pour appercevoir l'effet de cette lumiere enfermée; je mis cette lampe allumée dans le vaisseau A, exactement fermé de toutes parts, où je la laisse éteindre d'elle-mesme, sans agiter le soufflet, & elle dura environ trois ou quatre minuttes, je la rallumay ensuite, aprés avoir fait sortir la fumée qu'elle avoit produit, & ayant agité le soufflet continuellement, elle dura environ 47. ou 48. minutes.

La vessie F, qui estoit enflée au commencement, s'applatit sur la fin, ce qui estoit une marque que la flamme avoit consumé quelque partie de l'air des vaisseaux A, B.

Je ne doute point qu'en reïterant plusieurs fois cet essay avec exactitude, on ne reconnut beaucoup mieux la consumption de fait par le feu, que par l'experience que rapporte un sçavant Philosophe, dans son livre intitulé *Ottonis de Guericke, experimenta nova Magdeburgica de vacuo spatio*, au troisiéme livre *de propriis experimentis*, Chapitre treiziéme, qui porte pour titre *experimetū de consumptione aeris per ignem: Omnis*, dit-il, *aqua videbatur in vitrium F. ascendere, & insuper bullas multas sorbere, quod oculare indicium erat consumpti aeris alicujus in recipiente contenti: ita ut ad minimū dcima pars aeris per candelæ flammam consumpta esset, & forsan omnis consumeretur, nisi extinctio tam cito accederet.* Cette experience quoy que ingenieusement imaginée, n'est pas à mon avis convaincante pour faire connoistre la consumption de l'air par le feu, en ce que ne durant que trois ou quatre minuttes, on peut attribuer cette elevation de l'eau, & ces bulles à la condensation de l'air enfermé dans le recipient.

Cette lampe jettoit une grosse fumée, dont elle remplissoit le vaisseau A, & le vaisseau B, & pour empêcher qu'elle n'entrast dans celuy-cy, je fis faire un tuyau de verre K, L, M, N, O, & je mis un pouce d'eau, dans chaque coude en L, M, N, au travers de laquelle cette fumée estoit contrainte de passer & de se purifier. On pourra remplir ce mesme tuyau de filasse, d'éponge, ou de quelque autre matiere, qui filtrera si exactement ces parties fuligineuses, que cette lampe durera davantage, mais non pas tousiours, comme quelques-uns pourroient s'imaginer & croire que ce seroit la lampe perpetuelle & inextinguible des anciens; peut-estre même qu'en se servant d'esprit de vin au lieu d'huile, la lumiere dureroit plus long-temps.

Je remarquay que sur la fin, la flamme devenoit ronde & trespetite, & qu'insensiblement elle s'éteignoit. Le combat que cette flamme fait, pour ainsi dire, afin d'éviter sa destruction, les forces qu'elle reprend, lors qu'on luy donne de nouvel air, & la delicatesse avec laquelle il le faut pousser, donnera sans doute du plaisir à ceux qui feront cette experience.

Lors que j'appliqué cette premiere machine à la bouche de Fig. 1. cette personne, elle n'estit point sous l'eau, mais l'air dont elle estoit environnée, n'ayant aucune communication avec celuy qu'elle respiroit, me fit croire que quand elle auroit esté entourée d'eau, d'huile, ou de toute autre liqueur, l'effet auroit esté à peu prés semblable, & qu'ainsi cette invention pouvoit estre utile, premierement dans les lieux où l'air estoit infecté, & où les hommes ne pouvoient aller fans danger de mourir, comme le témoignent les hiftoires de plufieurs perfonnes qui font mortes de pareils accidens ; qu'elle auroit encore quelque utilité dans les maladies du poumon & dans quelques autres, & que par ce moyen, on pourroit faire refpirer à un malade, un air embaumé & qui feroit remply de telles odeurs, & de tels efprits que l'on trouveroit propres à fa fanté, qu'elle donneroit lieu de faire des experiences, que l'on n'a jamais tenté, comme de purger un homme par ce moyen, de refpirer à la glace, & plufieurs autres qu'il n'eft pas facile de prévoir fur le champ.

La plus grande de fes utilitez, eftant de pouvoir demeurer fous l'eau, j'aurois efté bien-aife d'en faire l'experience, & ne la pouvant bien faire fur cette perfonne, & n'eftant pas de temperament à la faire moy-mefme, je remis à l'executer lors que j'aurois l'occafion favorable, qui ne s'eft pas rencontrée depuis ce temps-là. Il ne fera pas difficile d'en faire l'effay à ceux qui en auront la curiofité, il paroift ce me femble affez évidemment, qu'elle doit reüffir pour quelque temps, Il eft vray qu'il n'eft pas facile d'en determiner la durée, avant que d'avoir fait d'autres experiences que celles dont je viens de parler.

Les Sçavans examineront fi celles que j'ay faites, ont efté un fondement affez raifonnable pour croire qu'elles pouvoient fournir un moyen de demeurer fous l'eau, plus long-temps, & plus commodément que l'on n'a pas fait jufques a prefent, & fi ce n'eft point avec trop de prevention, que l'on s'eft perfuadé, que ce moyen n'aura point les incommoditez, & les deffauts de ceux dont on a parlé cy deffus, & qu'il en aura les avantages.

Perfection du Navire de Drebel. On ira ce me femble de compagnie au fonds de la Mer, en plus grand nombre, & bien mieux, qu'avec le Navire de Drebel, lequel on pourroit perfectionner, en y ajoûtant un foufflet avec deux foupapes, & deux tuyaux, qui aboutiroient à la fuperficie de l'eau, par l'un defquels, l'air entreroit continuellement & fortiroit par l'autre.

Il eft indubitable que de cette maniere, il demeureroit dans ce Vaiffeau autant d'hommes qu'il en pourroit contenir, non feulement l'efpace de deux heures, ou de deux jours, mais des mois & des années entieres, & autant de temps, qu'ils auront dequoy vivre, puis qu'il y entrera beaucoup plus d'air qu'il n'en faut

pour

pour leur respiration, & pour y entretenir une lampe & un feu mediocre.

La pesanteur de l'eau ne poussera point avec violence la poitrine du Plongeur, & il ne respirera pas le même air qui sort de ses poumons, comme il fait avec la Cornemuse, que l'on perfectionnera aussi, en mettant deux tuyaux & deux soupapes, pour faire entrer l'air par l'un & le faire sortir par l'autre. *Perfection de la Cornemuse.*

Ce Plongeur ira par tout où il voudra sans l'aide d'aucun, & il sera beaucoup plus libre que dans la cloche, il aura si l'on veut la tête enfermée dans une maniere de sac fait de ces cuirs impenetrables à l'eau que l'on a invété depuis quelques années & dont on a fait l'experience sur la Riviere de Seine ; & par le moyen de deux verres, il se servira de ses yeux ; peut-estre même de sa voix & de ses oreilles, autant que le liquide le pourra permettre, il aura ses bras & ses jambes libres, & il pourra mettre à chaque pied une machine composée de deux batans qui se fermeront, lors qu'il tirera ses pieds en avant, & qui s'ouvriront, lors qu'il les poussera en arriere ; cette machine qui est faite à l'imitation d'une patte d'oye, luy donnera une grande force pour avancer.

Afin de faciliter au plongeur les moyens de décendre au fonds de l'eau & de remonter à la superficie en peu de tems, il faudroit luy appliquer en quelque endroit commode, une seringue qui n'eut aucune ouverture par le bas, dont il tireroit le piston par le moyen d'une viz sans fin, ou de quelqu'autre machine qui multiplie extrêmement la force, parceque la resistance sera fort grande, si il est beaucoup enfoncé sous l'eau. Cette seringue ayant un espace vuide, augmentera son volume en tirant le piston, & fera élever le Plongeur à la superficie de l'eau, & laissant retomber ce piston son volume diminuera, & le poids de ce Plongeur l'entrainera au fonds, à peu prés comme dans l'Angibatte, où l'on voit le petit homme monter & décendre, selon que l'air est plus ou moins comprimé. Il pourra aussi aller du fond de l'eau à la superficie, avec un petit vaisseau remply d'air condensé, en le laissant retourner en son estat naturel dans une vessie. *Moyens pour descendre sous l'eau & pour remonter à la superficie en peu de temps.*

Ceux qui auront un peu pensé à la fabrique de cette premiere machine auront apperceu la necessité de la vessie H. *

* Fig. I

pour recevoir l'air qui fort des poumons, & pour contrebalancer l'equilibre de la poitrine, laquelle en s'eftendant doit eftre preffée en dedans, par l'air qui appuye fur cette veffie, mais lors que le Plongeur fera enfoncé à 30. pieds ou davantage, la colomne de l'eau comprimera cette veffie avec tant de force qu'elle l'applatira, & fera rentrer l'air qu'elle contient dans le tuyau A, B, C, D, &c. & la rendra par confequent inutile, ce que l'on concevera facilement fi on imagine un foufflet au bout duquel il y ait une veffie attachée, & qui empefche l'eau d'entrer dans fa capacité, on n'aura prefque point de peine d'elever & d'abaiffer les ailes de ce foufflet pendant qu'il fera tres peu enfoncé fous l'eau, mais lors qu'il le fera beaucoup, l'air de la veffie qui deviendra toute platte, entrera entierement dans le foufflet, alors il fera prefque impoffible de l'ouvrir par les raifons que j'ay raportées & qui font tirées de l'equilibre des liqueurs de M. Pafcal, & j'ay fait voir fi clairement la convenance qu'il y avoit de ce foufflet aux poumons du Plongeur, qu'on ne peut point douter, qu'il n'euft beaucoup de peine à refpirer lors que cette veffie feroit entierement comprimée, c'eft pourquoy j'ay cru que l'on pourroit ajoûter le vaiffeau I dans lequel l'air auroit efté condenfé avec beaucoup de force, que le plongeur laiffera entrer petit à petit dans le tuyau A, B, C, D, &c. & dans la veffie H. à mefure qu'il defcendra fous l'eau, en ouvrant le robinet K. qui paffera entre fes jambes. Si la veffie eftoit fort grande, ou qu'il y en eut plufieurs, ou que les tuyaux fuffent de cuir mollet, ou d'une autre matiere molle & flexible, il ne feroit pas befoin de ce vaiffeau, pareeque l'air qu'ils contiendroient feroit également preffé dans toutes fes parties. Ceux qui feront ces experiences, examineront laquelle fera la plus commode, & ils trouveront aifement les remedes aux inconvenients qu'ils rencontreront dans la pratique, les grandes decouvertes & les plus belles inventions n'ont point efté trouvées parfaites, & elles ne fe perfectionent qu'avec le temps. *Omne principium rude & imperfectum; fed per additamenta artis, tractu temporis fes perficiuntur.*

Si jamais l'Art à imité la nature, c'eft dans cette invention, & ce moyen de faire circuler l'air, eft fi fimple & fi facile, que je ne doute point qu'il ne foit venu dans l'efprit de plusieurs : sans doute que c'est le même secret qu'avoit celuy dont parle le Pere Mersenne, lequel demeuroit plus de six heures au fond de la Mer, s'y promenoit facilement en retiroit les navires, & y faisoit ce qu'il vouloit, il y portoit même de la chandelle dans une lanterne de mediocre grandeur, & ce qu'il y a dit-il, de plus admirable, c'est qu'il ne se servoit au plus que de deux pieds cubiques d'air. voicy ses propres termes.

Plongeur qui demeuroit plus de six heures sous l'eau.

Mitto cætera, ut moneam egregium urinatorem Ioannem Barriæum ex urbe pertusio, tribus leucis ab Aquis-Sextiis distante oriundum, artem invenisse, qua facile in fundo quolibet maris per 6. aut plures horas respirare, ambulare, naves immersas extrahere, & quidpiam aliud præstare valeat; quibus laternam candelæ lumen, quandiu libuerit conservantem addit; quæ diversis usibus adhibeatur, verbi gratia piscationi quorum libet piscium. Quodque mireris plurimum, ubi noveris, ne quidem 10. pedes cubicos aeris ad respirationem cæteris urinatoribus ad dimidiam horam sufficere, ille uno dumtaxat vel altero pede cubico ad 6. horarum respirationem utitur, & laterna vulgarium magnitudinem vix-superante ad flammam sub aquis perpetuo conservandam.

Il y a tant de rapport de toutes ces circonstances, à l'invention que je propose, que je ne doute point que ce ne soit la même, que cét homme aura mieux aymé laisser perir & mourir avec luy, que de la publier sans profit & sans recompense.

Il y a des secrets, que celuy qui les invente peut faire voir & en cacher neantmoins l'artifice, mais il y en a d'autres, qu'il ne peut decouvrir sans faire connoistre en un moment, ce qu'il aura esté plusieurs années à mediter, & aussi-tost qu'il les a publiées il n'en est plus le maistre, & il ne peut obliger ceux qui s'en servent de le recompenser : souvent même on luy denie la gloire qu'il merite comme l'a tres-bien remarqué Monsieur Pascal dans quelcune de ses pensées.

„ Ceux qui sont capables d'inventer sont rares, ceux qui n'in-
„ ventent point sont en plus grand nombre, & par conse-
„ quent les plus forts : & l'on voit que pour l'ordinaire ils
„ refusent aux Inventeurs la gloire qu'ils meritent, & qu'ils
„ cherchent par leurs inventions. s'ils s'obstinent à la vou-
„ loir avoir & à traitter de mepris ceux qui n'inventent pas,
„ tout ce qu'il y gagnent, c'est qu'on leur donne des noms

„ ridicules & qu'on les traitte de visionnaires.

C'est la raison pourquoy ceux qui inventent, se voyant si mal recompensez, laissent mal-heureusement perdre leurs inventions, dont le public souffre un notable prejudice. le secret de ce Plongeur, & mil autres belles decouvertes, sont aparement peries de cette maniere, & on a lieu de s'estonner comment toutes les belles inventions, que nous voyons presentement en usage ne se sont pas perduës de même, nous ne les devons sans doute qu'au hazard.

Le secret que Drebel pretendoit avoir, pour fortifier les Matelots de son vaisseau, & pour en rendre l'air toujours propre à la respiration, n'estoit assurement autre chose que ce soufflet dont j'ay fait mention, & lors qu'il adit, que c'estoit par le moyen d'une essence cardiaque, qui s'evaporoit dans l'air, & qui y retablissoit les parties nitreuses, qui s'estoient consumées par la respiration, ce n'a esté à mon avis qu'une adresse, pour deguiser l'invention, & pour empescher qu'on ne la decouvrit. *PeKlinus* dans son traitté *de aeris & alimenti defectu & vita sub aquis*, croit que c'estoit par le moyen, d'une certaine quantité d'essence de sel volatil oleagineux, qui comme un ferment purifioit cét air enfermé, voicy ses paroles, *propterea in machinâ Drebellianâ accidisse conjicio quod ad singulas effeti aeris expirationes in idoneum & camaratum cavum (nam & instrumenti hujus mechanicam fuisse rationem necesse est) non nihil essentificati salis volatilis oleosi influxerit, quo statim, velut fermento, partes aliæ aeris defæcatæ & postea secretæ sint; aliæ quoque magis tenuatæ & vividiore aurâ vel potestate elasticâ donatæ, ut sic denuo receptæ in sanguinem rarefacere potuerint. in eo autem situm fuisse Sophisma existimo, quod tantum dumtaxat istius salis influeret in cavum, quantum ad debitam & naturæ singulorum respondentem rarefactionem erat necessarium.*

Monsieur de Monconis parle en cette maniere des experi- „ ences de Drebel. Il avoit bien le secret de conserver l'air „ dans sa pureté, & le rendre tousjours propre à la respiration „ ainsi ayant le secret ou la façon de descendre dans une ma- „ chine faite en cloche dans le fond de l'eau, il y demeuroit, „ après si long-temps qu'il vouloit ce qu'on ne sçauroit faire, „ sans sçavoir son secret, parceque d'abord l'air s'eschauffe ou „ se grossit, ou plutost selon son opinion il se consomme; „

car il

,, car il croyoit qu'il y avoit une certaine quinte-essence dans
,, l'air laquelle seule nous respirons, & qui entretient la vie, &
,, qui venant à manquer il faut mourir, ce qui arriveroit si on
,, demeuroit long-tems dans un air enfermé ; à quoy il remedioit
,, par une quinte-essence, qu'il faisoit, qu'il nommoit *Quinte-*
,, *essence de l'air*, de laquelle ayant répandu une goûte dans l'air
,, on respiroit avec un plaisir & une facilité aussi grande que si
,, l'on eut esté dans une belle colline. Il avoit fait aussi un
,, vaisseau qui se plongeoit dans l'eau quand on vouloit, & par le
,, moyen des rames qu'il y avoit attachées par dehors avec des
,, manches aussi qu'on vestissoit, pour manier les rames, il alloit
,, entre deux eaux ; mais il ne pouvoit pas décendre plus bas
,, que douze ou quinze pieds, autrement la pesanteur de l'eau
,, l'eut empéché de remonter ; & il se fut noyé. Tous ces
,, secrets sont perdus par sa mort, & il n'est resté au Docteur
,, Keiffer son gendre que les suivans, &c.

Quoyque je sois dans le sentiment, qu'il ne peut y avoir aucune quinte-essence de l'air, ni aucune substance cardiaque, ni aucune essence de sel volatil oleagineux, qui puisse rendre l'air qui est sorti des poumons propre à la respiration, & qu'il se rétablit de luy mesme après quelque tems, comme l'experience me l'a en quelque façon fait connoître, je n'empéche pas que l'on n'en croie ce qu'on voudra, & que les chimistes ne recherchent ces sortes d'essences. J'auray de la joie de voir perfectionner les ouvertures que je donne, qui produiront peut-être de nouvelles lumieres dans la Phisique & de nouvelles connoissances sur la nature de l'air & du feu & sur celle de la respiration.

J'aurois pû étendre davantage cét écrit, & raporter plusieurs autres choses concernant la respiration, les moyens d'aller sous l'eau, la flamme enfermée dans des vaisseaux, & les lampes inestinguibles des anciens, mais cela auroit tres-peu contribué à la perfection de ce petit traité, à la nouvelle invention que j'y décris, qui depend beaucoup plus de l'experience que de la demonstration, il me suffit de m'étre aquité de la promesse que j'en ay faite dans quelques écrits que j'ay ci-devant publiez.

J'ajoûteray seulement que j'avois commencé de travailler à un petit traité du Son, dans lequel j'expliquois sa nature, sa propaga-

F

tion, sa reflection, & plusieurs choses qui appartiennent à céte matiere, mais le Savant traité du bruit qui vient de paroître dans le second tôme des essais de Phisique de Monsieur Perrault de l'Academie Royale des Siences, rempli de remarques & d'expériences tres curieuses, & d'une description tres-exacte de l'organe de l'oüie, surpasse tout ce que j'en pourois écrire, puis que ce Savant Medecin a poussé ce sujet plus loing que l'on n'a fait jusques à present, & on peut dire qu'il manquoit à la Phisique particuliere un traité comme celuy-là.

Je me suis souvent étonné comment on avoit si fort negligé les Sons & le sens de l'oüie, vû la perfection que l'on a donné à celuy de la vüe, & les belles decouvertes que l'on a faites sur la lumiere. Je crûs dabord qu'il étoit impossible de perfectionner ce sens, mais aiant medité quelque-tems sur ce sujet, je n'aperceus aucune raison qui empêchât que l'on ne pût perfectionner l'oüie aussi bien que la vüe, puis qu'il ne s'agit que de rendre sensible ce qui ne l'est pas ou ce qui ne l'est que tres-peu, & que les Sons tres-foibles & insensibles à nôtre organe ne laissent pas que d'étre Sons & de se faire entendre à des animaux qui ont l'oüie plus subtile.

On a rendu les choses sensibles à la vüe, par le moyen des verres taillez, ou par la differente capacité des tuyaux, comme dans le Termomètre ou dans le Niveau que j'ai publié, composé de Mercure & d'huile de tartre, & par plusieurs autres moiens. Pourquoy seroit-il impossible de trouver céte sensibilité dans le sens de l'oüie? ne l'a-t-on pas déja trouvé dans la trompette parlante puis qu'elle n'est qu'un moien de rendre la voix sensible à une grande distance ou on ne la pouvoit entendre; il est vray que ce moien n'est pas celui que nous cherchons, parceque nous voulons entendre & n'être pas entendus, comme nous voions avec les lunettes d'approche & que nous ne sommes pas vûs.

Les anciens ont imaginé les cornets dont la plus part des sourds se servent, & les modernes ont crû qu'en donnant à ces cornets une figure Parabolique, Hiperbolique, Elliptique, ou quelqu'autre semblable qui reunit les raions de la lumiere en un point, ils reuniroient pareillement le Son en un point au fond de l'oreille, & rendroient par consequent la sensation plus forte, mais ils se sont trompez, & en plusieurs autres rencontres ou ils ont fait un parallelle du Son & de la lumiere : Ces cornets de quelque figure qu'ils soient, ne produisent point d'autre éfet, que celui des batardeaux, dont on se sert au moulins à eau, pour en faire tomber une plus grande quantité sur la rouë, qui n'iroit point plus viste, quoique ces batardeaux eussent la figure d'Hiperbole de Parabole ou d'Ellipse.

J'ai imaginé un autre instrument, en qui la figure & la reflection n'ont aucun lieu, afin de rendre sensibles les plus petits bruits, lequel est fondé sur le même principe que celui dont je me suis servi pour l'explication de l'éfet des trompétes parlantes, & sur l'organe de certains animaux ; mais comme le raisonnement n'est rien sans l'experience, j'ay fait faire cette machine & lors que je l'aplique à mon oreille, j'entens des bruits tres-grands & tres-confus ; si quelques personnes marchent dans la ruë, elles me paroissent exciter autant de bruit qu'une Armée entiere, le froissement de leurs souliers sur le pavé ressemble au raclement violent que l'on fait sur les pierres, ou à une meule qui écraseroit des cailloux ; les voix me paroissent comme si elles estoient produites par des Trompettes parlantes, mais dans une telle confusion que je n'en puis distinguer aucune ; ce qui me fait craindre que céte invention ne soit inutile, à cause de la destruction des Sons les uns des autres, comme on l'experimente tous les jours dans les compagnies, où on ne peut entendre sept ou huit personnes qui parlent tout à la fois, & on ne les entendroit pas mieux quoi qu'ils prissent chacun une Trompette parlante, qui augmenteroit huit ou dix fois la force de leur voix ; il n'en est pas de même de la lumiere & du grand jour, qui empéche à la verité l'effet de la vuë, mais on le peut ôter, & on l'ôte en éfet par plusieurs moiens.

Quelques experiences que j'ay encore à faire sur ce sujet, m'empêche de declarer la construction de cét instrument, joint que n'étant point encore dans sa perfection, il seroit facheux de publier une invention, dont un autre remportât la gloire en y ajoutant ou même en la perfectionnant, car je compare celle-ci dans l'état où elle est, à l'effet des verres convexes & concaves, qui eut été peu de chose, sans céte heureuse disposition qui en a été faite dans ce siecle, par la combinaison de ces verres aux extremitez d'un tuyau, qui n'eut pourtant jamais été trouvée sans céte premiere decouuerte de l'éfet de la figure de ces verres. *Plurimum ad inveniendum contulit qui speravit posse reperiri. Seneca l. 6. quæstion. natural.*

J'ay fait plusieurs remarques considerables avec cét instrument que je métrai dans cét écrit, dans lequel je parlerai d'un Phenoméne, qui quoy que tres-simple & trivial, explique clairement & fait apercevoir à l'œüil, tout ce qui apartient au son, de la même maniere que les vibrations des pendules font conoître les vibrations invisibles des cordes qui sont tenduës sur les instrumens.

Ce Phenoméne n'est autre chose que l'agitation que l'on donne avec la main aux longues cordes qui pendent du haut des bâtimens élevez, laquelle produit des serpentemens, & des ondulations qui ont beaucoup de raport à celles qui se font dans l'air par les cors frapez qui excitent du bruit, & qui expliquent beaucoup mieux à mon sens, la propagation du Son sa reflection, &c. que les cercles qui se font sur la surface de l'eau. Ceux qui feront céte experience apercevront visiblement, que les ondulations ou les serpentemens, aprés avoir couru tout le long de la corde, & être parvenus au haut, reviennent sur leurs pas ce qui explique l'Eco & les reflexions du bruit, & lors que l'on agite deux cordes égales en même temps avec la même force elles representent l'unisson; si les serpentemens ou les ondulations de l'une, sont plus grandes & plus lentes que celles de l'autre, ce sont les diverses consonances, & les grandes ont raport au ton grave & les petites aux tons aigus, enfin il n'arive rien aux Sons qui n'aient quelque analogie avec ces serpentemens ou ces ondulations, ainsi que je le feray voir dans cét écrit, dans lequel je répondrai aux objections que Monsieur Perrault fait contre l'explication que j'ai donnée de l'éfet des Trompettes parlantes, fondées sur ce fameux principe de l'Equilibre des liqueurs de Monsieur Pascal, qui est un des plus beaux & des plus grands principes qui soit dans la nature, sans lequel il est impossible d'expliquer la propagation du Son, le tremblement des vitres, des planchers & des murs des maisons & mile autres éfets semblables.

FIN.

un parallelle du Son & de la lumiere : Ces cornets de quelque figure qu'ils foient, ne produifent point d'autre éfet, que celui des batardeaux, dont on fe fert au moulins à eau, pour en faire tomber une plus grande quantité fur la rouë, qui n'iroit point plus vifte, quoique ces batardeaux euffent la figure d'Hiperbole de Parabole ou d'Ellipfe.

J'ai imaginé un autre inftrument, en qui la figure & la refleftion n'ont aucun lieu, afin de rendre fenfibles les plus petits bruits, lequel eft fondé fur le même principe que celui dont je me fuis fervi pour l'explication de l'éfet des trompétes parlantes, & fur l'organe de certains animaux ; mais comme le raifonnement n'eft rien fans l'experience, j'ay fait faire cette machine & lors que je l'aplique à mon oreille, j'entens des bruits tresgrands & tres-confus ; fi quelques perfonnes marchent dans la ruë, elles me paroiffent exciter autant de bruit qu'une Armée entiere, le froiffement de leurs fouliers fur le pavé reffemble au raclement violent que l'on fait fur les pierres, ou à une meule qui écraferoit des cailloux ; les voix me paroiffent comme fi elles eftoient produites par des Trompettes parlantes, mais dans une telle confufion que je n'en puis diftinguer aucune ; ce qui me fait craindre que céte invention ne foit inutile, à caufe de la deftruftion des Sons les uns des autres, comme on l'experimente tous les jours dans les compagnies, où on ne peut entendre fept ou huit perfonnes qui parlent tout à la fois, & on ne les entendroit pas mieux quoi qu'ils priffent chacun une Trompette parlante, qui augmenteroit huit ou dix fois la force de leur voix ; il n'en eft pas de même de la lumiere & du grand jour, qui empêche à la verité l'effet de la vuë, mais on le peut ôter, & on l'ôte en éfet par plufieurs moiens.

Quelques experiences que j'ay encore à faire fur ce fujet, m'empêche de declarer la conftruftion de cét inftrument, joint que n'étant point encore dans fa perfeftion, il feroit facheux de publier une invention, dont un autre remportât la gloire en y ajoutant ou même en la perfeftionnant, car je compare celleci dans l'état où elle eft, à l'effet des verres convexes & concaves, qui eut été peu de chofe, fans céte heureufe difpofition qui en a été faite dans ce fiecle, par la combinaifon de ces verres aux extremitez d'un tuyau, qui n'eut pourtant jamais été trouvée fans céte premiere decouuerte de l'éfet de la figure de ces verres. *Plurimum ad inveniendum contulit qui speravit posse reperiri. Seneca l. 6. quæstion. natural.*

J'ay fait plufieurs remarques confiderables avec cét inftrument que je métrai dans cét écrit, dans lequel je parlerai d'un Phenoméne, qui quoi que tres-fimple & trivial, explique clairement & fait apercevoir à l'œüil, tout ce qui apartient au son, de la même maniere que les vibrations des pendules font conoître les vibrations invifibles des cordes qui font tenduës fur les inftrumens.

Ce Phenoméne n'eft autre chofe que l'agitation que l'on donne avec la main aux longues cordes qui pendent du haut des bâtimens élevez, laquelle produit des ferpentemens, & des ondulations qui ont beaucoup de raport à celles qui fe font dans l'air par les cors frapez qui excitent du bruit, & qui expliquent beaucoup mieux à mon fens, la propagation du Son fa refléction, &c. que les cercles qui fe font fur la furface de l'eau. Ceux qui feront céte experience aperçevront vifiblement, que les ondulations ou les ferpentemens, aprés avoir couru tout le long de la corde, & être parvenus au haut, reviennent fur leurs pas ce qui explique l'Eco & les reflexions du bruit, & lors que l'on agite deux cordes égales en même temps avec la même force elles reprefentent l'unifon ; fi les ferpentemens ou les ondulations de l'une, font plus grandes & plus lentes que celles de l'autre, ce font les diverfes confonances, & les grandes ont raport au ton grave & les petites aux tons aigus, enfin il n'arive rien aux Sons qui n'aient quelque analogie avec ces ferpentemens ou ces ondulations, ainfi que je le feray voir dans cét écrit, dans lequel je répondrai aux objections que Monfieur Perrault fait contre l'explication que j'ai donnée de l'éfet des Trompettes parlantes, fondées fur ce fameux principe de l'Equilibre des liqueurs de Monfieur Pafcal, qui eft un des plus beaux & des plus grands principes qui foit dans la nature, fans lequel il eft impofsible d'expliquer la propagation du Son, le tremblement des vitres, des planchers & des murs des maifons & mile autres éfets femblables.

FIN.

NOUVELE MACHINE POUR RESPIRER SOUS L'EAU

par Mons. Dehautefeuille.

Fig I

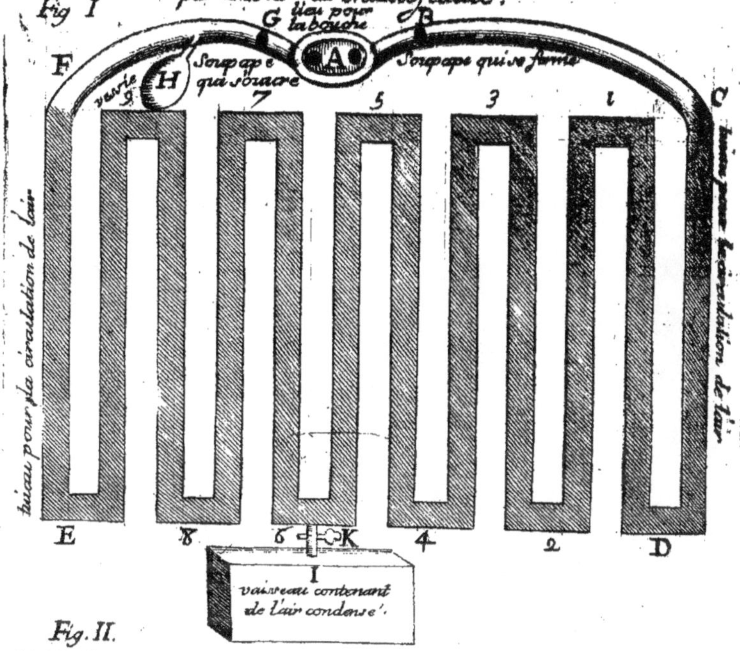

G
lieu pour la bouche
B
A
F
vessie
H
Soupape qui s'ouure
Soupape qui se ferme
C
9
7
5
3
1
tuiau pour la circulation de l'air
tuiau pour la circulation de l'air
E
8
6
K
4
2
D
I
vaisseau contenant de l'air condensé.

Fig. II.

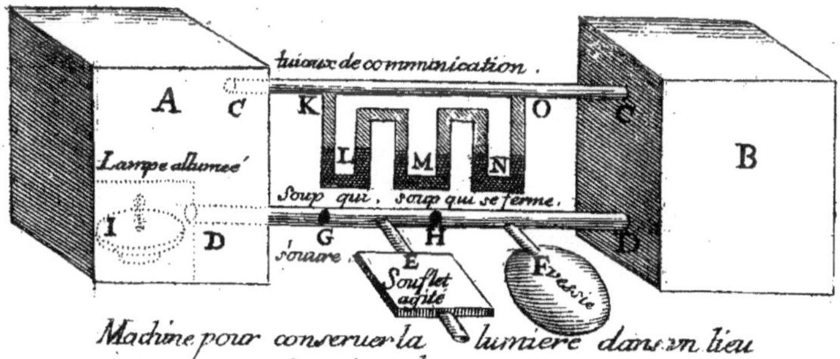

tuiaux de communication.
A
C
K
O
C
B
L
M
N
Lampe allumée
I
D
Soup. qui s'ouure
soup. qui se ferme.
G
H
E
Soufflet agité
F
vessie
D

Machine pour conseruer la lumiere dans un lieu enfermé, par la circulation de l'air.

www.ingramcontent.com/pod-product-compliance
Lightning Source LLC
Chambersburg PA
CBHW061017050426
42453CB00009B/1500